Outdoor Flower Designs

Outdoor
Flower Designs

by Katrien Vandierendonck

stichting
kunstboek

Flowers complete the circle.

We never stopped longing for the beauty
and energy of nature; her flowers, tendrils,
buds, blossoms, leaves, ... the untamed life,
so we brought nature inside our shelters
and homes.

Without the scents, colours, shapes, textures,
the fragility of flowers we feel incomplete.

It's only human to try getting more from
nature. To perfect it. To transform nature's
excessiveness and casual beauty and to model
it to our own liking and feelings.

We do not only want to bring nature's beauty
inside our homes, our nests, but we also give
the newly invented beauty back to her.
We compose a symphony of nature's tones and
play it amid her. We pick her flowers and fruits,
cut stalks and bring them together to form a
new meaning enhancing our garden, our Eden,
our tamed nature, and at the same time shaping
our own being.

May your eyes lead you and your dreams
guide you.

Katrien Vandierendonck

De bloemen maken de cirkel rond.

*Het verlangen naar de schoonheid en de energie van de
natuur; haar bloemen, ranken, knoppen, bladeren, ...
het ruige leven, verliet ons nooit en brachten we binnen
in ons ommuurde bestaan.*

*Zonder de geuren, kleuren, vormen en texturen,
de broosheid van de bloemen zijn we niet volledig
en is onze stemming nooit af.*

*We zouden geen mensen zijn, mochten we niet de
mateloosheid van de natuur, de schoonheid die ze
achteloos biedt, willen omvormen, boetseren naar
ons eigen gevoel, vervolmaken in onze ogen.*

*We willen niet slechts ons schutsel, ons nest beademen
met schoonheid, maar geven de hernieuwde pracht ook
terug aan de natuur. Van haar harmonische noten
maken we een symfonie die we te pronken zetten in
haar midden. We plukken haar bloemen en vruchten,
knippen de stengels en brengen ze samen tot een nieuwe
betekenis die onze tuin, onze lusthof, onze getemde
natuur verfraait en bijdraagt tot wie we zijn.*

Laat uw ogen u leiden en uw dromen u voeren.

Katrien Vandierendonck

A dervish of *Diplocyclos palmatus*, *Hydrangea* and crab apples ornates this table. Typical fruits of fall, for that last summer evening spent in the garden.

Een derwish van Diplocyclos palmatus, Hydrangea *en sierappeltjes bekroont deze tafel. Typische vruchten van de herfst, voor die laatste nazomerse avonden in de tuin.*

Spice up any party or cold winter evening in the delightful company of these jolly bunch of Jack O'Lanterns.

Kruid koude nachten en verlicht donkere winteravonden met dit vrolijke gezelschap Jack O'Lanterns.

Nothing says festive cheer more
emphatically than a welcoming,
vibrant mixed-colour bouquet.

Geen betere manier om een feestelijk
gebeuren aan te kondigen dan met
een vrolijk, bont zomerboeket.

Taste nature in a field bursting with colourful lilac flax flowers. A simple basket full of flowers marks the place of the picnic gathering. Uncomplicated bouquets share the beauty and spirit of spring.

Proef de natuur in een veld vol kleurrijke vlasbloemen. Een eenvoudige mand vol bloemen onthult de plaats van de picknick. Ongecompliceerde boeketten benadrukken de schoonheid en het uitgelaten karakter van de lente.

Aquilegia | Clematis erecta | Hydrangea | Iris | Linum usitatissimum | Lunaria annua | Pimpinella anisum | Tussilago farfara

Hollow logs of birch wood make simple, eco-friendly and reusable pots for any flowering outdoor plant. Candle light and the sweet scent of violas will make for an enchanting evening.

Uitgeholde stronken van zacht berkenhout dienen als eenvoudige, ecologische en herbruikbare bloempotten en theelichthouders. Kaarslicht en de zoete geur van viooltjes staan garant voor een betoverende avond.

The warm neutrals on the walls of this French country-style orangery are highlighted with rosy florals. Oversized bouquets add impact and a note of opulence.

De warme, neutrale tinten van de muren in deze Franse, klassiek landelijke oranjerie worden extra in de verf gezet door bloemen in hoofdzakelijk roderoze tinten.

The dominant old-fashioned paeonies
in white, pink, red and purple create a
laid back atmosphere and a homely feel.

*Buitenmaatse, weelderige boeketten zorgen voor
onmiddellijke impact, terwijl de 'ouderwetse' pioenen
een relaxte, huiselijke gezelligheid uitstralen.*

Layering textures creates energy and interest.

Verschillende texturen zorgen voor een boeiend, energiek geheel.

A single orange paeony or one pink
Delphinium, complements the earthy tones
of these rooms and at the same time adds
a focal point and a splash of personality.

Een enkele oranje pioenroos of een roze
Delphinium *complementeert de aardse tonen*
van deze kamers en brengt tezelfdertijd een
vleugje persoonlijkheid.

A wintery wreath with *Sempervivum* symbolizing that nature is a never-ending cycle of life and death.

Een winterse krans met Sempervivum *symboliseert de natuur als een eindeloze cirkel van leven en dood.*

The horn of plenty
or maybe just the
opposite? One single
Sempervivum suffices
to create this long
lasting design for
all seasons.

*De hoorn des overvloeds
of misschien net
het omgekeerde?
Een enkele Sempervivum
volstaat in dit ontwerp
voor alle seizoenen.*

No better flowers to herald spring than cheerful, colourful violets!
Although they seem a bit hesitant to take a peek from underneath their baskets ...

Geen betere bloemen om de lente aan te kondigen dan vrolijke veelkleurige viooltjes!
Hoewel ze wat aarzelend vanonder hun mandjes lijken te piepen …

Make use of the clearly defined lines on
a silver birch bark to create a neutral-toned,
but textured backdrop for the bright orange
of the tiny *Nertera* flowers.

*De zilveren tekeningen op de berkenbast vormen een
neutrale, maar rijk geschakeerde achtergrond voor de
kleine oranje bloemetjes van* Nertera.

Although the combination of a trendy lounge party and flowers may sound incompatible at first, this monochrome wreath of rose hips balancing on wooden sticks above an oversized container will be a nice addition to any party.

De romantiek van bloemen en het strakke van een trendy lounge feest mogen dan onverzoenbaar klinken, deze monochrome krans van rozenbottels balancerend op smalle houten stokjes zal zonder twijfel een hippe en stijlvolle sfeermaker zijn.

A streamlined modernist outdoor space is really brought to life with bright and vibrant colour accents. A couple of playful *Gerberas* will do the trick nicely.

Een gestroomlijnde, moderne buitenruimte komt pas echt tot leven met een paar fantasierijke kleuraccenten. Enkele speelse Gerbera's *klaren de klus.*

From drab to fab! Red, fuchsia and orange *Gerbera* daisies impart vibrant energy and add a whimsical touch.

Van saai naar fraai! Rode, fuchsia en fel oranje Gerbera's zorgen voor energie en brengen een kleurrijk en pittig statement op het terras.

Gerbera

An impressive triptych with mysterious blue *Vanda* orchids against a textured backdrop of cork oak bark.

Een imposante triptiek met mysterieuze blauwe Vanda *complementeert de kleur van de muur en contrasteert mooi met de textuur van kurkeik.*

Quercus suber | Vanda 'Black Magic'

Heavenly, bright *Gerbera*,
destined to be the stars of the evening.

Hemelse, hangende Gerbera's *worden
zonder twijfel de sterren van de avond.*

The garden after dusk. Translucent razor
shells filter the candle light, simple white
Gerbera daisies soften the design.
A gentle look for any outdoor seating area.

*De tuin na valavond. Doorschijnende scheermessen
filteren het kaarslicht, eenvoudige witte* Gerbera's
*verzachten het ontwerp. Een sfeervolle look geschikt
voor elke buitenruimte.*

Earthy tones,
natural materials
and unpretentious
white *Gerbera*
add ambiance,
distinctive flair
and a touch of
romance to the
outdoor space.

Aardse tinten,
natuurlijk materialen
en charmante witte
Gerbera's *brengen sfeer,*
intimiteit en een vleugje
romantiek in
de buitenruimte.

Gerbera | Hydrangea | Solanum lycopersicum

Add interest and bring a focal point
in a sleek, minimalist interior with
the creative use of color.

*Een overwegend wit, uitgepuurd minimalistisch
interieur komt pas echt tot leven met een
kleurrijke eyecatcher.*

A romantic room outdoors, seemingly suspended in time, where you can drift off to idyllic spaces, or surrender to tender musings on long lost times.

De romantische, tijdloze buitenkamer waar het zalig wegdromen is naar idyllische oorden of nostalgisch mijmeren over vervlogen tijden.

Betula pendula (birch bark/berkenschors) | Diplocyclos palmatus | Populus alba | Viola

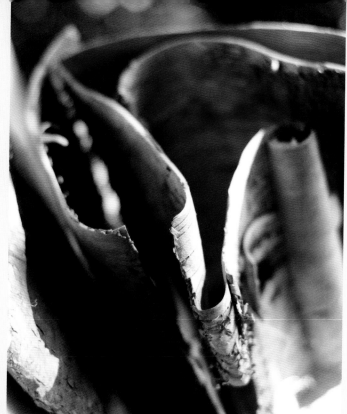

The white flowers of *Spathiphyllum* and *Convallaria* stand out against the bold background of *Wisteria*. A look that's both classic and romantic. A couple of *Pisum sativum* on a hatpin make for quirky nametags.

De witte bloemen van Spathiphyllum *en* Convallaria *vallen bijzonder op tegen de omlijsting van paarsblauwe* Wisteria. *Deze look is tegelijk klassiek en romantisch. Enkele* Pisum sativum *op een hoedenspeld dienen als amusante naamkaartjes.*

Choisya 'Aztec Pearl' | Convallaria majalis | Pisum sativum | Spathiphyllum

Simplicity is key in this festive yet sober table setting. A wreath of white flowers crowning your little angel's head, some baskets full of delicate white tulips and calla flowers on your dining table and your party cannot go wrong. The sumptuous red fruits provide the table with the necessary splash of colour.

Eenvoud staat centraal in deze feestelijke maar sobere tafeldecoratie. Een krans van witte bloemen rond het hoofd van je oogappel, enkele mandjes vol delicate witte tulpen en calla's op de tafel en de toon voor een geslaagd feest is gezet. Het aantrekkelijke, glanzend rode fruit zorgt voor een fris kleuraccent.

Fragaria | Lysianthus | Petasites hybridus | Prunus avium (blossoms/bloesems) | Ribes rubrum | Senecio rowleyanus | Tulipa | Zantedeschia

Fragaria | Lysianthus | Petasites hybridus | Prunus avium (blossoms/bloesems) | Ribes rubrum | Senecio rowleyanus | Tulipa | Zantedeschia

Dining under a sky of pine wood,
the ultimate picnic feeling but cosily inside.

Tafelen onder een hemel van dennentakken;
het ultieme picknickgevoel, maar dan binnen.

A table laid perfectly and decorated with roses — symbols of love, unity and friendship — is a feast for both the eyes and the heart. Nature's best, united beneath one roof.

Een mooi gedekte tafel, geschikt met rozen — symbolen voor liefde, eenheid en vriendschap — is een feest voor het oog en het hart. Het beste van de natuur samengebracht onder één dak.

71

Nothing's cooler than an ice bucket.
Especially this one with *Hydrangea* and rose
flowers frozen into the ice. A fresh twist on
the classic champagne and flower combo,
stylish but not too stiff. Watch the ice reveal
its hidden treasures over the time of your party.

*Niks is 'cooler' dan deze ijsemmer. Een frisse kijk
op de klassieke combinatie van bloemen en champagne,
stijlvol maar niet stijf. Naarmate het feest vordert
en de champagne vloeit geeft het ijs langzaam zijn
geheimen prijs.*

A lazy chair, a sluggish summer afternoon.
Sleep like rose on a pillow of freshly cut fragrant roses. Sweet dreams!

Een luie stoel, een lome zomernamiddag.
Droom weg en slaap als een roos op een kussen van heerlijk geurende rozen.

Make the most of every season, even on dreary days.
A sheltered spot and some uncomplicated bundles of brightly coloured roses are all it takes.
The simplest of jars can be prettified with a couple of split branches.
Illuminate your garden and your spirit with a couple of outdoor candle lanterns.

Haal het maximum uit elk seizoen, ook op sombere dagen.
Een beschutte plek en enkele bescheiden boeketjes bonte rozen is al wat nodig is.
Eenvoudige vaasjes worden charmant aangekleed met elzenhout.
Verlicht je tuin en je gemoed met enkele buitenlantaarns.

Poppies, *Matricaria* and *Anthriscus sylvestris* extend the flower dotted field onto the table. Natural wood coasters and robust wooden chairs complete the theme.

Papaver, wilde kamille en fluitekruid brengen de geuren en de kleuren van de bloemenweide op de tafel. Robuuste krukken en houten onderzetters maken het plaatje compleet.

Anthriscus sylvestris | Cocos nucifera (coconut/kokosnoot) | Matricaria recutita | Papaver rhoeas

Make those lanterns shine night and day by adorning them with small, charming wreaths of white *Matricaria* and *Alchemilla* flowers.

Charmante, kleine kransen van witte Matricaria *en* Alchemilla *maken buitenlantaarns ook overdag aantrekkelijk.*

Alchemilla mollis | Matricaria recutita

A scenic spot to rest and enjoy the views, scents and sounds of the garden.
The faded, knotty beauty of the robust seats is complimented with lanterns decorated with fragrant and delicate *Matricaria* and *Alchemilla*.

Een inspirerende plek om te wortelen, te ontspannen, afstand te nemen en te genieten van de natuur.
De knoestige charme van de robuuste zetels wordt aangevuld door lieflijke lantaarntjes versierd met aromatische Matricaria *en* Alchemilla.

Evergreen succulents such as *Sempervivum* can be used in every season. Often winter brings out a different colour palette.

Wintergroene vetplanten zoals Sempervivum *zorgen voor sfeer het hele jaar rond en verkleuren vaak mooi in de winter.*

Different vases with freshly cut paeonies
are connected with weathered lianas.
Young and old go hand in hand on this table.

*In dit langgerekte ontwerp worden verschillende
vaasjes met frisse pioenen aan elkaar geschakeld
met verweerd hout van lianen.
Jong en oud gaan zij aan zij op deze tafel.*

Plants and flowers certainly add visual appeal and colour to your outdoor patio, but there's no need to overdo it. Create a tasteful, stylish and long-lasting look with a couple of well designed pieces.

Bloemen en planten brengen zonder twijfel leven in patioruimtes, maar overdrijf niet.
Creëer een stijlvolle, tijdloze look met enkele verfijnde en weldoordachte stukken uit lang houdbare materialen.

Amaranthus caudatus | Cucurbita pepo | Diplocyclos palmatus | Hydrangea | Ophiopogon japonica | Wisteria sinensis (seed pods/peulen)

Cucurbita pepo | Diplocyclos palmatus | Ophiopogon japonica

Diplocyclos palmatus, Amaranthus caudatus,
Hydrangea flowers and *Wisteria* seed pods
adorn this simple but solid reusable structure
made of oak, iron and a stone base.
Decorate with flowers and fruits of the season.

Diplocyclos palmatus, Amaranthus caudatus,
Hydrangea bloemen en Wisteria peulen tooien
deze eenvoudige maar solide, herbruikbare structuur
gemaakt van eik, ijzer en een stenen basis.
Versier met bloemen en fruit van het seizoen.

Amaranthus caudatus | Diplocyclos palmatus | Hydrangea | Wisteria sinensis (seed pods/peulen)

Majestic and royal.
A sumptuous and
inviting table in
tones of brocade,
deep red and warm
brown brings
the colours and
scents of fall inside
the house.

*Majestueus en luxueus.
Een overvloedige en
uitnodigende tafel in
tinten van brokaat,
diep rood en warm bruin
brengt de geuren en
kleuren van de herfst
in huis.*

Hydrangea | Malus | Rosa (rose hips/rozenbottels)

Like fireflies dancing among the trees on a sultry summer evening,
these floating lamps, gently rocked by a softy teasing breeze,
offer an enchanting sight in the starry summer night. The little boats,
adorned with spring blossoms, rose vines or a twig of fiery autumn
blooms, will faithfully light your evenings season after season.

Net zoals vuurvliegjes op een zwoele avond rond de takken van een boom dansen,
bieden deze zwevende lampjes, bewogen door een late avondbries, een betoverend
schouwspel onder de zomerse sterrenhemel. De bootjes gecombineerd met lentebloesems,
trosroosjes of een takje vurige herfstbloeiers zullen seizoenenlang uw avonden verlichten.

A bird's buffet! Watch your feathered friends feast on this nicely decorated table full of delicacies. Various seeds pressed in coconut fat, suet or vegetable fat make gourmet seed cakes, attractively topped with bright orange *Physalis alkekengi* flowers, festively wrapped with grass ribbons or rolled in fragrant cinnamon sticks.

Vogels zullen feesten op dit uitgebreide buffet vol verfijnde delicatessen! Verschillende noten en zaden in kokosvet maken gourmet zaadtaarten, bekroond met fel oranje Physalis alkekengi, *feestelijk verpakt in gras of omkranst met geurige kaneelstokjes.*

Arachis hypogaea (peanuts/pindanoten) | Hedera helix | Helianthus annuus (sunflower seeds/zonnebloemzaden) | Helleborus | Linum usitatissimum (flax seed/lijnzaad)| Physalis alkekengi | Salix (buds/wilgenkatjes) | Viburnum (leaves/bladeren) | Zea mays (corn/maïs)

This winter banquet is an excellent use for an otherwise underused outdoor table and provides your backyard birds with a reason to come back again and again. The simple, flowering *Helleborus* makes the ideal companion to the lively activity. Menu cards add a whimsical touch.

Dit winterse banket is een schitterend gebruik voor een in de winter ondergewaardeerde buitentafel en lokt vogels telkens opnieuw naar uw tuin. De stille pracht van enkele winterse Helleborussen *vormt het perfecte tegengewicht voor alle bedrijvigheid. Zelfgemaakte menukaarten zorgen voor een ludieke noot.*

Arachis hypogaea (peanuts/pindanoten) | Hedera helix | Helianthus annuus (sunflower seeds/zonnebloemzaden) | Helleborus |
Linum usitatissimum (flax seed/lijnzaad) | Physalis alkekengi | Salix (buds/wilgenkatjes) | Viburnum (leaves/bladeren) | Zea mays (corn/maïs)

Betula pendula (birch bark/berkenschors) | Helleborus | Picea pungens

Topsy-turvy white *Helleborus* on the ceiling create the illusion of a snow covered roof. Silvery birch bark hides the unsightly roots and containers. Add some glam with silver and white Christmas balls and twinkle lights.

Met wat verbeelding worden de omgekeerde Helleborussen aan het plafond een dik besneeuwd dak. Bast van zilverberk verhult onaantrekkelijke wortels en bloempotten. Witte en zilveren kerstballen en twinkelende kerstlichtjes zorgen voor glans en glitter.

Betula pendula (birch bark/berkenschors) | Helleborus | Picea pungens

Think big! An oversized chandelier chock full of *Helleborus* and topped with candles immediately sets the atmosphere for a wintery evening party. Pinecones and lanterns seem to be floating underneath the chandelier.

Durf te overdrijven! Een imposante kroonluchter, dicht bezet met Helleborus *en bekroond met kaarsen, zet onmiddellijk de toon voor een winters avondfeest. Dennenappels en lantaarns zweven onder de magistrale luchter.*

Warm colours such as deep red and ochre bring warmth and personality.

Warme kleuren zoals dieprood of oker brengen warmte en karakter.

Again *Helleborus* steals the show.

Ook op de tafel steelt Helleborus *de show.*

Katrien Vandierendonck (°1958) studied at the HRIT in Melle (Belgium) and earned a strong reputation as a floral decorator. She specializes in themed and wedding parties and gives demonstrations and workshops, both in Belgium and abroad. Katrien developed a romantic but playful style, in which she combines fine craftsmanship and imagination. Her creations are never just accessories in a room, but are elegantly designed according to their destination. This only shows Katrien Vandierendonck's multifaceted talent. Nature is her endlessly fascinating and limitless source of inspiration.

Katrien Vandierendonck (°1958) studeerde aan het HRIT in Melle en bouwde een sterke reputatie op als decoratrice van grootse feesten en huwelijkspartijen. Daarnaast geeft Katrien demonstraties en workshops, zowel in binnen- als buitenland. Vakmanschap en verbeelding combineert ze tot een typische romantische maar speelse stijl. Haar creaties zijn nooit zomaar accessoires, maar worden steeds zorgvuldig ontworpen in dialoog met de ruimte, wat enkel de veelzijdigheid van haar talent bewijst. De natuur is haar eindeloze bron van fascinatie en inspiratie.

My heartfelt thanks go out to:

Bernice, no question is too ridiculous for you. Blinded by your enthusiasm, you sew everything together without even knowing what the end result will be, sometimes leading to hilarious situations.

My children Joke, Simon and Sofie.

Sofie, for the elegant calligraphy drawing naturally from your fingers and the ease with which you create a garden sculpture or an aquarelle. My appreciation and thanks.

Joke, my caring and considerate organizer behind the scenes. Genuine thanks to Jonathan too.

Simon, the hidden force, for helping me with everything too big or heavy.

And for all the time you had to miss me when you needed me.

Mom, for being my biggest fan right from the start. For never saying 'no' to my questions.

Dad, for your humour and sense of perspective. Thanks for being an example to me.

Maria, because you were there from the start. Bernadette, for your contagious laugh. Ann, thanks for being there when the wind was blowing me down. Lieve, for your ceaseless enthusiasm. Wien and Joost for sharing your passion for flowers and so much more.

And so many other people, for being in the right place at the right moment.

Mijn speciale dank gaat uit naar:

Bernice, geen vraag is te gek voor je. Blind naai je alles aan elkaar zonder te weten wat het resultaat zal zijn, wat soms tot hilarische situaties leidt.

Mijn kinderen Joke, Simon en Sofie.

Sofie, voor de mooie letters die als van nature uit je vingers vloeien. Het gemak waarmee je een tuinbeeld maakt of een aquarel op papier zet. Mijn waardering en dank.

*Joke, de zorgende regelaar achter de schermen.
Ook Jonathan dank ik hiervoor.*

Simon, voor alles wat te zwaar of te hoog was, de stille kracht.

En voor al de tijd dat jullie me moesten missen als jullie me nodig hadden.

Ma, omdat je er altijd bent als mijn grootste fan. Een neen op een vraag is onbestaand.

Pa, voor je humor en het relativeren dat ik zo nodig heb. Blij dat je mij daarin voorging.

Maria, je was er van het prille begin. Bernadette met je aanstekelijke lach waar ook de buren van mogen meegenieten. Ann, dank dat je er was als de wind mij wegblies. Lieve, voor je eindeloos enthousiasme. Wien en Joost voor het delen van de liefde voor bloemen en zoveel meer.

En zoveel anderen die op het juiste moment op de juiste plaats waren.

Creations/*Creaties:*
Katrien Vandierendonck

Photography/*Fotografie:*
Lennert Deprettere

Locations/*Locaties:*
www.huyzedebaere.be > p 64-67
www.stijncornilly.be > p 90-99
www.maisonbousson.be > p 42-55
www.garnier.be > p 5, 10-25, 80-89
www.klokhofloppem.be > p 112-117
all other works were photographed in
Katrien Vandierendonck's garden.
alle andere werken werden in Katrien Vandierendoncks
tuin gefotografeerd.

Materials/*Materialen:*
Candles/*Kaarsen* > Jan Adriaenssens - Sir bvba
Decoration/*Decoratie* > www.rechtsvandekerk.be
Paeonies/*Pioenen* > www.hurtekant.com
Hellebores/*Helleborus* > www.hetwilgenbroek.be
Roses/*Rozes* > www.lens-roses.be
Ceramics/*Keramiek* > www.klaprozen.be

Text and final editing/*Tekst en eindredactie:*
Katrien Van Moerbeke

Layout & Print:
Group Van Damme (B)

Published by/*Een uitgave van:*
Stichting Kunstboek bvba
Legeweg 165
B - 8020 Oostkamp
tel +32 50 46 19 10
fax +32 50 46 19 18
info@stichtingkunstboek.com
www.stichtingkunstboek.com

ISBN 978-90-5856-307-1
D/2009/6407/26
NUR 421